Dieses Buch gehört

Liebe Eltern,

wir wollen Ihr Kind beim Lesenlernen unterstützen, und zwar mit Geschichten, die Spaß machen.

Unsere Bücher mit dem liebenswerten Leselöwen begleiten Ihr Kind durch die 1. Klasse. Sie enthalten eine spannende Geschichte mit einfachen Sätzen und gut lesbarer Schrift. Viele bunte Bilder sorgen für Lesepausen und helfen, die Geschichte zu verstehen. Mit den Aufgaben zum Text kann Ihr Kind selbst prüfen, ob es den Text richtig verstanden hat. Zu den markierten Wörtern warten am Ende des Buches spannende Fakten und in unserem Onlineportal finden Sie viele weitere Extras!

So wird Ihr Sohn oder Ihre Tochter zum echten Leselöwen!

Ihr
Leselöwe

Jetzt geht es
los!

Anna Taube

Ava und das Geheimnis des Zauberwalds

Illustriert von Leonie Daub

www.leseloewen.de

ISBN 978-3-7432-0774-5
1. Auflage 2021
© 2021 Loewe Verlag GmbH, Bindlach
Umschlag- und Innenillustrationen: Leonie Daub
Umschlaggestaltung: Kathrin Tobian
Vignetten Leselöwe und Sticker: Angelika Stubner
Printed in the EU

www.loewe-verlag.de

Inhalt

Der Steinkreis 8

Der verzauberte Wald 16

Die Hexe Onda 22

Vogelzwitschern 34

Der Steinkreis

Ava läuft durch den Wald.

Mitten in einem Steinkreis

bleibt sie stehen.

Der war gestern nicht hier!
Die Steine sehen
merkwürdig aus.
Wie **Trolle**!

Plötzlich springt Rul hervor.

„Flieh, Ava", raunt der Wolf.

„Die Hexe Onda war hier!"

Ava erschrickt.

Die Hexe Onda ist böse!

Sie will den Wald und

seine Bewohner beherrschen.

Da hört Ava etwas.

Jemand weint leise.

„Wer ist da?", flüstert Ava.

Es raschelt im Gebüsch.

Ava schiebt die Zweige weg.

„Minu!", ruft sie.

„Was ist passiert?"

„Die Hexe Onda wollte
alle Trolle fangen.
Aber ich bin ihr entwischt",
erzählt der kleine Troll leise.

„Die anderen haben
Onda umzingelt. Da hat sie
meine Familie versteinert.
Mit einem **Zauberfluch**!"

Der verzauberte Wald

„Ein Zauberfluch bricht erst,
wenn die Hexe besiegt wird",
erklärt Rul traurig.
„Das schafft niemand."

„Wir versuchen es trotzdem",
beschließt Ava.
„Du kannst nicht zaubern",
sagt Rul. „Was willst du tun?"

Ava berührt ihr **Amulett**.

Es macht ihr Mut.

„Mir fällt schon etwas ein",

sagt sie ruhig. „Kommt."

Rul kennt den Weg
durch den finsteren Wald
zum Zauberschloss.

Ava blickt sich um.

Hier sind keine Tiere.

Keine Zauberwesen.

Alle Bäume sind versteinert!

Der Wald ist leblos und still.

„Das war die Hexe Onda",

flüstert Ava.

21

Die Hexe Onda

„Wir sind da", sagt Rul
und deutet zum Zauberschloss.
Es sieht unheimlich aus.

Ein kalter Wind weht.

Ava zittert.

Doch ihr Amulett ist warm.

„Weiter", flüstert sie.

Im Schloss stinkt es
nach **Pech** und Schwefel.
Wo ist die böse Hexe?

„Onda?", ruft Ava mutig.

Minu versteckt sich

hinter Avas Beinen.

Rul knurrt.

Plötzlich ist der Saal
voller Schwefelschwaden.
Ava kann nichts mehr sehen.
Alles dreht sich.

„Wer wagt es, mich zu stören?",
kreischt die Hexe im Nebel.
Zauberblitze zucken auf.
„Duckt euch!", warnt Rul.

„Gib die Trolle frei!",
ruft Ava ins Dunkel.
„Niemals!", brüllt Onda.

Onda kommt näher.

„*Du* gehörst mir auch!",

zischt sie Ava zu

und hebt den Zauberstab.

„Leben zu Stein!", ruft sie.

Sie will Ava verzaubern!

„Denkste!", schreit Minu.

Er stellt Onda ein Bein.

Aber der Fluch fliegt
quer durch den Saal!
Ava hält das Amulett vor sich
wie einen **Schutzschild**.

Der Fluch trifft das Amulett!
Er prallt ab und fliegt zurück.
Auf Onda! Die Hexe stürzt
und wird zu Stein!

Rul schnüffelt am Stein.
„Du hast die Hexe besiegt",
sagt er ungläubig.

Vogelzwitschern

Plötzlich hören sie
von draußen Vogelzwitschern!
Sie rennen hinaus ins Freie.

„Der Wald erwacht zum Leben!",
ruft Ava glücklich.
„Überall sprießen Blätter!"

Ava, Minu und Rul

laufen zur Waldlichtung.

Doch wo sind die Trollsteine?

„Der Zauber ist gebrochen!",
jubeln da die Trolle
und stürmen glücklich
auf die drei Freunde zu.

„Ava hat euch gerettet",
sagt Minu zu den Trollen.
Aber Ava schüttelt den Kopf.
„Das waren wir alle zusammen."

„Wir können nicht zaubern",

sagt Ava und lächelt.

„Aber Freunde schaffen alles."

1. **In was verwandelt die Hexe Onda den Wald und seine Bewohner? Bringe die Buchstaben in die richtige Reihenfolge.**

E I S T E N

Antwort: Steine

2. **Welcher Troll ist der Hexe entwischt? Finde seinen Namen im Buchstabengitter.**

I	N	A	T
M	I	N	U
U	M	E	T
R	U	M	A

40

Antwort: Minu

3. Lies genau in Spiegelschrift. Wer kämpft mutig gegen die Hexe? Kreuze an.

☐ Avə

☐ Avɒ

☐ Avi

Antwort: Ava

4. Wem gehört was? Verbinde die Bilder.

Antwort: Ava hat ein Amulett,
die Hexe Onda hat einen Zauberstab.

5. Welcher Satz kommt in der Geschichte vor? Kreuze an.

☐ Trolle schaffen alles.

☐ Hexen schaffen alles.

☐ Freunde schaffen alles.

Antwort: Freunde schaffen alles.

Trolle (Seite 9):

Trolle sind Fabelwesen. Sie sehen den Menschen recht ähnlich und haben Naturkräfte. In Skandinavien gibt es viele Geschichten und Märchen über sie.

Zauberfluch (Seite 15):

Ein Zauberfluch ist sozusagen ein gemeiner Zauberspruch, mit dem man jemandem etwas Böses will.

Amulett (Seite 18):

Ein Amulett ist eine Art Glücksbringer. Es soll vor Bösem schützen – zum Beispiel vor Zauberflüchen. Man kann ein Amulett bei sich tragen oder es an einem Ort aufbewahren, der geschützt werden soll.

Pech (Seite 24):

Mit Pech meint man häufig das Gegenteil von Glück. Pech ist aber auch eine dicke schwarze Masse aus Holz, Erdöl und Kohle. Pech und Schwefel brennen zusammen sehr gut und verbreiten einen fürchterlichen Gestank. Wenn zwei Menschen wie Pech und Schwefel zusammenhalten, ist das aber etwas Gutes: Sie sind dann sehr gute Freunde.

Schutzschild (Seite 31):

Das Wort „Schild" ist ein Teekesselchen. Es hat zwei Bedeutungen. *Das* Schild, wie wir es heute kennen, gibt uns Informationen, wie zum Beispiel ein Straßenschild. *Der* Schild ist eine alte Schutzwaffe. Man hielt einen Schild aus Holz oder Metall vor sich, um sich vor Angriffen zu schützen.

Blättere schnell um und trage die blauen Buchstaben in der richtigen Reihenfolge in die Kästchen ein!

Anna Taube studierte Literatur an der Universität Hildesheim und arbeitet als freie Autorin und Übersetzerin. Sie wohnt mit ihrer Familie im idyllischen Bad Rodach in Oberfranken.

Leonie Daub studierte Kommunikationsdesign an der Staatlichen Akademie der Bildenden Künste in Stuttgart. Heute übt sie dort ihren Traumberuf als freie Illustratorin aus.

Das Leselöwen-Lösungswort

Besuche den Leselöwen auf
www.leseloewen.de und trage
die farbigen Buchstaben
von den Seiten *Schon gewusst?*
in der richtigen Reihenfolge
in die magische Box ein.

Wenn du das Lösungswort
gefunden hast, kommst du auf
die geheime Seite mit vielen
weiteren Spielen und Rätseln!

Der **Leselöwe** freut sich auf dich!

Jetzt
online!